TRADING ONLINE

Da principiante a Trader di Successo - Scopri tutti i segreti e le migliori Strategie per Guadagnare Investendo in Borsa e nel Mercato del Forex

Di Business Academy

INDICE

CAPITOLO 1

CHE COS'È IL TRADING ONLINE

Prima degli anni novanta potevano investire soltanto le persone che possedevano grandi capitali. Anzi, neanche quelle persone direttamente, ma per loro l'unico modo per investire era avere un broker personale. Internet ha cambiato tutto: i computer sono rapidi, la connessione è globale e le transizioni si scambiano a velocità inimmaginabili. Chiunque oggi può diventare un trader. Il trading on line, infatti, è semplicemente la compravendita di strumenti finanziari su internet. È quindi un'attività di negoziazione su internet di strumenti finanziari, come ad esempio, azioni, obbligazioni, titoli di stato, valute forex, opzioni, Futures, criptomonete che viene effettuata in rete, sul web. Gli strumenti finanziari in economia si possono considerare prodotti della finanza considerati mezzi di investimento di natura finanziaria. Le parole "strumenti finanziari" sotto forma di nozione sono state utilizzate per la primo volta in Italia e nell'ordinamento giuridico nel 1996. Prima il concetto che indicava gli strumenti finanziari era "il valore mobiliare". Con i nuovi tipi e servizi di investimento si è resa necessaria una forma più consona e adatta al mercato fluido del ventesimo secolo dove internet la fa da padrone. La legge del Decreto Legge del 23 luglio 1996, n. 415 (Decreto Eurosim) stabilisce un elenco preciso di tipologie di prodotti finanziari che possono essere considerati strumenti finanziari. In maniera particolare, secondo il primo articolo del Decreto Legge del 24 febbraio 1998, numero 58 si definiscono strumenti finanziari: le obbligazioni, le azioni e gli altri titoli rappresentativi di capitale di rischio, le quote di fondi comuni di investimento; i Titoli di Stato e gli altri titoli di debito negoziabili sul mercato dei capitali; gli strumenti previsti dal codice civile; contratti futures; qualsiasi altro titolo che permette di acquisire quelli indicati sopra; i titoli del mercato monetario; i contratti swap; i contratti a termine; i contratti di opzione; combinazione di contratti e titoli indicati nei punti precedenti. I mezzi di pagamento (come per esempio gli assegni bancari, le carte di credito, i conti correnti, la moneta...), non costituiscono strumenti finanziari secondo la definizione codicistica. Tentare di alterare il valore degli strumenti finanziari è un reato che è nato in Italia solo nel 1999, quando il "Nuovo Regolamento Consob di attuazione del Testo Unico dei mercati finanziari" ha avuto il compito di dare una regolamentazione a tutti gli aspetti e oggi si può inserire nel reato di manipolazione di mercato. Con l'acronimo CONSOB si fa riferimento alla Commissione nazionale per le società e la Borsa, ed è l'ente rivolto alla tutela degli investitori, all'efficienza, alla trasparenza e allo sviluppo del mercato mobiliare italiano e degli strumenti finanziari; si tratta una speciale autorità amministrativa indipendente che è dotata di autonoma personalità giuridica e piena autonomia operativa, istituita con la legge 7 giugno 1974, numero 216. La CONSOB ha una funzione di vigilanza che concretamente si svolge con la Banca d'Italia, ma il suo lavoro sta all'interno del sistema europeo di vigilanza finanziaria che è attivo dal 2011. Della sicurezza della Borsa, del mercato finanziario e mobiliare, prima che esistesse la Commissione nazionale per le società e la Borsa, si occupava il Ministero del Tesoro, ma la Commissione nazionale per le società e la Borsa ha sicuramente più strumenti tecnici e specializzazioni per svolgere questo ruolo. Inoltre la Commissione nazionale per le società e la Borsa ha un ruolo più rapido e minore burocrazia. Ciò porta a maggiore rapidità nelle decisioni. La Commissione nazionale per le società e la Borsa si occupa quindi di: vigilare sulle società che hanno quote in borsa e sui fondi mobiliari; ha pieno controllo su tutte le operazioni riguardanti il risparmio pubblico; si occupa di esercitare potere di controllo rispetto alle Sim e al contrasto del fenomeno dell'insider trading. Ha autonomia e indipendenza. In relazione alle attribuzioni stabilite dalla legge, la Consob ha il compito di vigilare sulle società di gestione dei mercati e sulla trasparenza e lo svolgimento delle negoziazioni, inoltre vigila sulla trasparenza e correttezza dei comportamenti degli intermediari e dei promotori finanziari; sanziona i soggetti vigilati, direttamente o formulando una proposta al Ministero dell'Economia e delle Finanze; autorizza la pubblicazione dei prospetti informativi relativi ad offerte pubbliche di vendita e dei documenti d'offerta concernenti offerte pubbliche di acquisto; l'esercizio dei mercati regolamentati; le iscrizioni agli albi di settore; ha il compito di regolare i servizi di investimento, gli obblighi informativi delle società quotate e le offerte al pubblico di prodotti finanziari; controlla le informazioni fornite al mercato dalle società quotate e da chi promuove offerte al pubblico di strumenti finanziari, le informazioni contenute nei documenti contabili delle società; accerta eventuali andamenti anomali delle contrattazioni su titoli quotati e compie ogni altro atto di verifica di violazioni delle norme in materia di manipolazione del mercato, abuso di informazioni privilegiate (insider trading) e di aggiotaggio. Per svolgere tutti questi incarichi la Commissione nazionale per le società e la Borsa ha più di seicento dipendenti in due sedi principali a Roma e a Milano ed è composta da un presidente e da quattro membri, nominati con decreto del presidente della Repubblica su proposta del presidente del Consiglio dei Ministri, previa deliberazione del Consiglio stesso. Attualmente, la Commissione è composta dal presidente professore Paolo Savona, dalla professoressa Anna Genovese, dal dottore Carmine Di Noia, dal Giudice Giuseppe Maria Berruti e dal dottore Paolo Ciocca. L'attuale direttore generale di Consob è Mauro Nori.

Dunque il trading on line, regolato dalla Commissione, è un servizio che consente la compravendita (acquisto e vendita) di strumenti finanziari come azioni, obbligazioni, futures, titoli di stato direttamente on line. Ma perché scegliere l'on line per un servizio così delicato? Ci sono dei vantaggi? Ci sono dei rischi? In questo libro analizzeremo tutte le risorse e le criticità in modo da avere un quadro competo della situazione che ci permetta di muoverci in maniera sicura e consapevole, qualora volessimo tentare questa esperienza. Tra i vantaggi dell'on line possiamo sicuramente subito annoverare i minori costi di commissione che l'investitore è costretto a sborsare e la susseguente possibilità di restare costantemente informato sull'andamento del mercato e in particolare del servizio di interesse. Secondo gli autori del famoso blog tradingmania.com "Il Trading online in Italia è nato molto tempo fa ed ha iniziato a diffondersi realmente attorno al 2009. Fare trading online (comunemente chiamato TOL) vuol dire semplicemente acquistare e vendere strumenti finanziari come azioni, indici azionari, cripto valute, valute e molto altro attraverso il web. Per farlo infatti è necessario avere un personal computer o smartphone che abbia una connessione internet. Lo scopo di chi opera con il trading online è avere profitti sulla differenza di prezzo tra cui acquisto e vendita. Per fare trading on line, bisogna scegliere una società di che faccia da intermediaria, che viene denominata broker di trading. I broker mettono a disposizione dei loro clienti un programma o una piattaforma online o scaricabile, con cui l'investitore in piena autonomia apre e chiude posizione acquisto o vendita di un determinato bene. Fare tutto ciò è possibile dentro casa propria o in qualunque altro luogo si trovi il trader e soprattutto può essere fatto in qualunque momento della giornata o della notte. Ad oggi milioni di persone si sono avvicinate al trading online, soprattutto al Trading Forex e al Trading CFD: Il primo è il mercato valutario in cui vengono scambiate tutte le valute mondiali, è il più grande e liquido di tutti; Il secondo è il mercato dei Contratti per differenza (CFD), un prodotto finanziario derivato, con leva finanziaria, dove si possono avere guadagni in tempi brevi ed è possibile sfruttare sia i prezzi in aumento che in calo, avendo così più opportunità di guadagno. A prescindere dalla tipologia di Trading che si sceglie, quando si utilizza un broker di trading certificato, si avrà la possibilità di utilizzare un conto demo. Vediamo cos'è un conto demo: si tratta di un tipo particolare di programma che viene offerto dalla maggior parte dei broker e viene finanziato da un deposito di soldi virtuali che varia dai 10.000€ ai 100.000€. Ciò consente ad un potenziale cliente di utilizzare la piattaforma di trading e conoscerla insieme a tutte le varie funzionalità e servizi che offre il broker, prima di aprire un conto reale che viene finanziato con soldi reali dell'investitore. I conti demo si possono trovare sulle piattaforme online tra cui anche piattaforme di trading azionario. Gli account demo hanno iniziato ad essere offerti dai broker online negli anni 2000, (in Italia sono arrivati più tardi) poiché internet era accessibile a tutti e veniva adottato da più persone nel mondo. I conti demo vengono spesso utilizzati anche dai trader esperti che vogliono provare altre classi di attività. Ad esempio, un trader principiante potrebbe avere il desiderio di aprire un conto demo prima di iniziare ad investire su futures, materie prime o valute, anche se ha già esperienza.

CAPITOLO 2

I DIVERSI TIPI DI TRADING E COME SCEGLIERE IL PROPRIO

Prima di tutto facciamo un po' di chiarezza su chi è il "trader" e come si può classificare in base alle sue funzioni: un trader è un operatore finanziario che si occupa di fare trading, cioè che effettua compravendita di strumenti finanziari come azioni, obbligazioni, e derivati sulle varie borse valori e su altri mercati mobiliari in nome proprio o per conto della propria ditta. Il trader si muove da solo, autonomanente, al contrario dell'agente di cambio o rispetto a qualsiasi altro intermediario. Ogni rischio e ogni buona azione incide sul proprio personale conto. Un buon trader arriva anche a fare compravendita di titoli in pochissimi secondi: questa attività si chiama scalping e la vedremo nel dettaglio. Il trader può essere un professionista, oppure un piccolo investitore o anche uno speculatore che applica speculazioni agli strumenti finanziari. A seconda del tipo di operatività i trader si possono classificare in questa lista: i trader discrezionali sono coloro che prendono decisioni operative da soli, basandosi solamente sulle proprie capacità di analisi e senza il supporto di mezzi automatici; i trader semi discrezionali o semi automatici, sono i trader che basano la propria attività su un processo di analisi promiscuo: metà del lavoro viene svolto autonomamente e metà in maniera automatica. Infine ci sono i così detti quant trader o quantitative trader o trader sistematico o trader automatico. In questo caso tutte le strategie si basano su analisi quantitative derivate da automatismi: computazioni matematiche realizzate con algoritmi.

Una ulteriore classificazione può infine dividere gli speculatori e gli investitori a seconda dell'orizzonte temporale delle proprie operazioni. Abbiamo già parlato degli scalper, le cui posizioni solitamente vengono aperte e chiuse in un lasso di tempo che può essere di pochi secondi o minuti.

Questo tipo di strategia è raccomandata a chi ha lunga e grande esperienza. Ci sono poi i day trader, cioè coloro che si differenziano dagli scalper perché fanno un numero minore di operazioni e per un tempo più ampio. Questa strategia, detta anche del Forex scalping è simile a quella del day trading con l'unica differenza che in questo caso non è obbligatorio chiudere la posizione in giornata. Il principio resta il medesimo. Come ci dice il nome, il day trading cioè giorno di negoziazione, si basa su una strategia di trading a breve termine in cui si acquistano e si vendono azioni nel corso della stessa giornata intesa come arco temporale di 24 ore. L'apertura e la chiusura di un numero ridotto di operazioni nell'arco della stessa giornata permette di sfruttare anche i più piccoli movimenti del prezzo. Le posizioni vengono spesso aperte e mantenute per poche ore e chiuse all'interno della giornata. Si tratta della la forma più conosciuta e famosa di trading perché se un tempo era disponibile sono per i professionisti, oggi è accessibile per chiunque.

Questa tecnica è la maniera più utilizzata dal trader che vuole iniziare perché permette per un investitore principianti di vedere rapidamente i risultati delle proprie decisioni e permette così di imparare a calibrare gli investimenti. Abbiamo visto la strategia del day trading, possiamo chiamarla giornaliera. Il trader che usa questa tecnica non si ferma a una sola negoziazione, ma ne apre diverse di piccole dimensioni e quindi a buon mercato, nell'arco della stessa giornata. Si tratta di mettere da parte piccoli guadagni, ma l'operazione ripetuta ogni giorno può portare soddisfazioni. La tecnica è prudente e serve costanza, ottima per iniziare. Vediamo un'altra strategia raccomandata per gli esperti: il metodo carry trader non tiene conto delle evoluzioni del mercato e si basa sulla differenza dei tassi d'interesse delle valute tra loro. Ci sono poi i multiday trader o swing trader, in italiano negoziazione di più giorni o negoziazione dell'altalena (che si basa sulle oscillazioni o sulle fluttuazioni dei prezzi sul mercato): questi trader impiegano finestre temporali che superano le 24 ore. Lo swing trading esattamente come il day trading è una strategia a breve termine, ma in lassi di tempo più ampi in questo caso. Si tratta di una strategia che viene usata di solito durante la notte. L'investitore cerca di prevedere con precisione quando si verificheranno aumenti o cali e aprirà una posizione per trarne profitto. Se una tendenza guadagna slancio le negoziazioni si protraggono per più giorni in modo da ottimizzare la resa. Si tratta di un buon metodo perché, se usato con cautela e con una attenta preparazione, può portare a grandi profitti. Anche questa tecnica può essere usata da principianti e necessita di una base di conoscenza abbastanza elementare. Il principio di base è davvero semplice: si specula solo sulle tendenze più alte. In questa tecnica è molto importante, un po' come in tutte in realtà, disporre di una buona connessione internet che permetta un posizionamento rapidissimo nel momento in cui si colga una tendenza importante. Se si riesce ad intercettarla andrà seguita fino a quando non inizierà a indebolirsi. Analizziamo adesso i trader di posizione. Il trader ricerca la tendenza del mercato al fine di poter prevedere le future variazione nel mercato; le strategie di questo trader contemplano un tempo a mercato per singola operazione tendenzialmente superiore ai 30 giorni. Questa strategia di trading è detta a medio termine, significa che non tiene conto delle piccole variazione dei prezzi, ma punta tutto sul movimento del prezzo nel corso di un'intera settimana o mesi. Il trading a lungo termine sfrutta periodi di tempo utili alle negoziazioni di mesi o addirittura anni. Il trading di posizione prevede il mantenimento delle posizioni per settimane, mesi o addirittura anni con l'aspettativa che diventino redditizie nel lungo termine. Si definisce cassettista colui che mantiene le posizioni nella modalità indicata. Un sistema in esame da parte delle forze dell'ordine riguarda la negoziazione ad alta frequenza: si utilizzano algoritmi in maniera del tutto automatica per inserire e modificare ordini a velocità elevatissima. Le forze dell'ordine si stanno preoccupando del fatto che un sistema così concepito possa cambiare e distorcere lo svolgimento delle negoziazioni. Addirittura tali sistemi sarebbero persino in grado di immettere strategie fasulle che simulano azioni di mercato con l'obiettivo specifico di indurre gli operatori in azione sbagliate. Esiste infine un'ultima tecnica, definita del doppio zero, che non si basa sull'andamento dell'economia, ma nemmeno su calcoli e tecniche precise. Si basa sulla psicologia. Prevede quindi che il trader scelga di puntare sulle cifre tonde, quelle con lo zero. Si tratta di una tecnica molto utilizzata e utilizzabile su tutti i mercati. Ogni scelta è individuale e dipende dalle esigenze e dal grado di esperienza del trader. La differenza la fa invece la quantità di tempo che il trader decide di dedicare all'attività di trading.

CAPITOLO 3
GRAFICI, INDICATORI E TERMINOLOGIE

Una buona analisi permette al trader di avere successo e di accaparrarsi dei guadagni. L'analisi tecnica, lo studio, la preparazione e la conoscenza degli strumenti è la base per poter ottenere una performance di successo. L'analisi tecnica indica una serie di discipline che studiano l'andamento dei mercati finanziari nel passato per prevederne quello futuro, è quindi fondamentale e consiste nell'atto di di studiare e di analizzare i movimenti dei prezzi degli strumenti finanziari sui mercati, affidandosi all'analisi dei grafici di riferimento. Una analisi di questo tipo consente di individuare i trend dei prezzi. Uno studio approfondito è la base di studio per il trader che può così scegliere i momenti migliori per investire. Fare una buona analisi permette al trader di analizzare bene i grafici di riferimento. Grazie a questi strumenti si possono prevedere prima in gli andamenti di prezzo degli asset. Ogni trader può visualizzare i diversi grafici, in modo completamente gratuito, attraverso i siti web, i blog e gli stessi broker. Ma come si legge, dunque, un grafico? Di solito un grafico è composto da un'ascisse, cioè l'asse orizzontale. Questa linea rappresenta l'arco temporale in cui si svolge uno specifico evento o condizione. Poi c'è l'asse detta ordinata, ovvero l'asse verticale che, di solito, rappresenta l'attività finanziaria. Infine esiste un uleteriore elemento che è a discrezione del trader in quanto può essere modificato. Si tratta del timeframe, ossia il tempo di riferimento. Solitamente i grafici sono impostati in automatico su un timeframe di pochi minuti, ma possono essere cambiati anche in tempi più brevi (come un minuto e alcune secondi, metodo utile come abbiamo visto alla tecnica scalper) oppure in tempi più lunghi come ad esempio quindici minuti o alcune ore. Come abbiamo visto si possono ovviamente aumentare i tempi anche per alcuni giorni o addirittura mesi. Altri elementi principali da conoscere sono: il simbolo O che significa Open, cioè Aperto e che rappresenta la quotazione d'apertura; il simbolo H, High, cioè Alto, che rappresenta la vetta più alta; il simbolo L che significa Low, cioè Basso e rappresenta il punto più basso e infine il simbolo C che significa Closed, Chiuso e rappresenta la quotazione di chiusura. Infine, bisogna anche ricordare sempre di tenere sotto controllo il fuso orario, ovvero considerare l'ora dei grafici in base al Stato in cui ci si trova. Secondo la dottoressa Sara Tomasello "Una delle azioni più indispensabili per fare trading online è la lettura dei grafici. Imparare ad analizzare l'andamento delle azioni può essere un processo molto semplice se si conoscono i metodi adatti: comprendendo ciò che i segni riportati su un grafico vogliono dire è molto utile al trader, soprattutto per migliorare la capacità di investimento. Coloro i quali operano all'interno del mercato azionario utilizzano molto i grafici e le loro decisioni di vendita o di acquisto si fondano proprio sull'analisi tecnica e fondamentale. In questa sede, si desidera fornire una guida dettagliata in merito alla lettura, all'analisi e alla comprensione dei grafici azionari". Iniziamo vedendo di cosa si tratta quando si dice "Grafico azionario": questo tipo di grafici appare spesso sui giornali dedicati alla finanza e in televisione quando si parla di economia. L'aspetto sicuramente non sarà nuovo, ma andare ad esaminarli è un compito più difficile. Il loro scopo è semplice e chiaro: devono rendere palese l'andamento dei prezzi sul mercato, per cui, una volta imparato a leggerli e avendo familiarizzato con il loro segni, anche il trader più inesperto capirà e potrà utilizzare i grafici. "Il grafico azionario è una rappresentazione grafica del prezzo che si riferisce ad un determinato titolo in un preciso periodo di tempo – spiega la Tomasello - Quando si studia un grafico e si cerca di comprendere l'andamento dei prezzi, si dice che si sta facendo un'analisi tecnica. Tale studio viene impiegato per comprendere l'andamento dei prezzi nel mercato, in un periodo passato, così da prendere una decisione in base alla previsione della direzione dei prezzi nel prossimo futuro. Per approfondire il concetto di analisi tecnica, si suggerisce di prendere visione dell'articolo ad essa dedicato, posto tra i link a piè di pagina. In borsa si considerano tre tipologie di grafico, ovvero le seguenti: grafici a candela o candlesticks; grafici a barre; grafici a linee. Va da sé che queste tre rappresentazioni no possono essere utilizzate a caso, in quanto ognuna di esse prevede uno scopo ben preciso; in maniera particolare, lo stile di trading che si decide di mettere in pratica farà protendere per solo uno dei tre: in pratica, è opportuno scegliere il grafico che fa al caso proprio. Prima di spiegare attentamente le tre tipologie di grafico, è altrettanto importante precisare quali siano gli elementi principali che costituiscono un grafico azionario; i principali componenti sono i seguenti: la sezione di identificazione; l'orizzonte temporale (time frame); il volume; l'asse x; l'asse y." Il grafico a candela richiede un approfondimento supplementare: è noto anche con il termine candlestick e si tratta di una particolare tipologia di rappresentazione dell'andamento dei prezzi di un mercato, adatta soprattutto per coloro che cercano investimenti a lungo termine, ma anche per coloro che utilizzano tecniche di day trading. L'analisi del grafico a candela può sembrare moderna, ma in realtà ha origini molto antiche. Questa analisi infatti si fonda sulle prime osservazioni tecniche originarie del Giappone, per descrivere l'andamento del mercato del riso, fatte dai giapponesi centinaia di anni fa. Ecco spiegato il nome candlestick giapponesi. Secondo la Tomasello "La caratteristica principale di questi grafici è la loro efficacia nel far comprendere i punti di svolta del mercato. Inoltre, essi vengono impiegati anche perché elevato è il loro potenziale di riduzione dell'esposizione al rischio: tuttavia, entrambi questi due aspetti devono essere adeguatamente utilizzati per raggiungere tali obiettivi. Nel grafico a candela è possibile leggere le seguenti componenti del mercato, ovvero: i prezzi di apertura; il massimo e il minimo; il prezzo di chiusura. Sebbene questa tipologia di grafico possa ricordare quello a barre, in realtà si distacca da quest'ultimo, in quanto, nel grafico a candela si riconosce il corpo principale, conosciuto anche come corpo reale. Proprio questa parte serve per individuare le differenze tra la sessione di apertura e di chiusura delle contrattazioni in un giorno specifico. I grafici a candela sono molto più semplici e leggibili, rispetto alle altre tipologie di rappresentazione, in particolare valgono le seguenti regole: la lunghezza della barra indica la differenza tra i prezzi di apertura e di chiusura; il colore indica l'andamento del titolo, ovvero se esso è al ribasso o al rialzo. Solitamente, i colori delle candele possono essere di colore nero/bianco, oppure rosso/verde, in qualsiasi caso, il primo indica una candela e quindi un prezzo in discesa, l'altro, invece una candela in salita, dunque un prezzo al rialzo (oggigiorno, la maggior parte dei broker preferisce le candele di colore verde o rosso, considerati molto più facili da leggere e graficamente più appetibili alla vista: si ha una candela verde quando il prezzo di chiusura è superiore al prezzo di apertura, mentre si ha una candela rossa quando il prezzo di chiusura è inferiore al prezzo di apertura). La linea verticale che divide a metà il copro della candela e si prolunga al di sopra e al di sotto di essa, si chiama ombra o coda: l'estremità superiore indica il massimo di quel determinato periodo, mentre l'estremità inferiore indica il minimo. La differenza tra questi due valori, consente di individuare la volatilità di un mercato in quel preciso momento: maggiore è l'ampiezza del range, superiore sarà la volatilità. Un grafico a candela fornisce più informazioni rispetto ad un grafico lineare, in quanto quest'ultimo segnala solamente la variazione dei prezzi di chiusura del titolo esaminato, mentre il primo consente di coglierne l'andamento, le tendenze e persino anticiparne la situazione futura". Soffermiamoci poi un momento sull'analisi del grafico a barre che dovrebbe risultare più semplice rispetto a quello a candela. “In realtà, quest'ultimo mostra le stesse informazioni del primo, tuttavia a differenza delle candele, le barre non hanno colore differente. Il grafico a barre viene impiegato dai trader che effettuano l'analisi tecnica di un titolo ad intervalli prestabiliti. Proprio per tale motivo, è possibile impostare il grafico, affinché mostri ogni dettaglio necessario, relativo all'orizzonte temporale prescelto. Nei grafici a barre, noti anche come OHLC (Open High Low Close), il trend rialzista e ribassista non viene indicato da un colore diverso, questo perché l'apertura è evidenziata da un segmento orizzontale che sporge alla sinistra della barra, mentre per indicare la chiusura viene impiegato un segmento orizzontale che sporge alla destra della barra: nel caso in cui l'apertura fosse più bassa della chiusura, il mercato sarebbe rialzista, mentre se l'apertura è più alta della chiusura, siamo in presenza di un mercato ribassista; se l'apertura e la chiusura coincidessero, il mercato non ha una direzione precisa. L'estremità superiore della barra rappresenta il massimo, mentre l'estremità inferiore, il minimo: anche in questo caso, la differenza tra i due valori fornisce la volatilità del mercato di riferimento. Come anche il grafico a candela, quello a barre è più completo rispetto a quello lineare, in quanto con esso vengono forniti una serie di dati aggiuntivi, quali ad esempio il numero giornaliero di azioni scambiate. Sia il grafico a candela sia il grafico a barre consentono di attenzionare il periodo di riferimento, ovvero lo spazio temporale dettato dal timing utilizzato sulla piattaforma. Ogni barra o candela ha una validità temporale precisa, dettata dal periodo utilizzato per l'analisi grafica sulla piattaforma: ad esempio, con un timing giornaliero, ogni giorno si aprirà una nuova barra o candela che si richiuderà a fine giornata". Resta un ultimo tipo di grafico, detto "grafico a linee" "Sebbene poco amati dai trader che si occupano del mercato borsistico, i grafici a linee costituiscono le rappresentazioni più semplici da leggere. All'interno di questi grafici è possibile individuare la variazione dei prezzi per ciascun segmento di mercato, per un determinato periodo di tempo. Solitamente, i grafici a linee vengono impiegati dagli investitori che considerano il livello di chiusura molto più importante, rispetto agli altri valori; tuttavia, focalizzando l'attenzione solamente su questo aspetto, si rischia di ignorare le oscillazioni intra-day, ovvero quelle verificatesi durante la giornata, e ciò non è molto consigliabile. Molte volte, invece, gli operatori impiegano questi grafici quando non sono disponibili alcune informazioni, quali ad esempio i prezzi di apertura, il massimo e il minimo: in questo caso, i grafici a linee forniscono una buona idea della storia del prezzo di un titolo, tuttavia è indispensabile precisare che essi non affidabili al 100%. In pratica, per leggere un grafico di borsa lineare è opportuno concentrarsi sul simbolo posizionato in alto a sinistra, indicante la sigla della compagnia; sotto è possibile trovare la data ed i prezzi del titolo. Il grafico fornirà i prezzi del titolo di quel periodo. Alla destra del grafico, si trova una tabella, con le quotazioni: in nero viene indicato il prezzo più recente del titolo. Ogni volta che il prezzo della società quotata chiude la giornata di borsa, il grafico riporterà un punto: collegando i vari punti si ottiene il grafico. I volumi consistono nel numero delle contrattazioni che avvengono sul mercato in un giorno, ovvero nella compravendita di ogni titolo"(tratto dall'articolo della dottoressa Sara Tomasello https://www.tradingsulweb.it/)

CAPITOLO 4

ANALISI TECNICA E ANALISI FONDAMENTALE

Abbiamo quindi capito come l'analisi sia importante, insieme a tutto il lavoro preparatorio che il trader deve fare. Ma bisogna anche capire quale tipo di analisi si vuole usare e per farlo è bene conoscere entrambe le modalità. L'analisi tecnica si occupa di studiare i grafici del prezzo per arrivare a capire quali sono i momenti in cui una certa tendenza si inverte. Le persone che si limitano a guardare i grafici dei prezzi sono chiamate analisti tecnici. Essi sostengono che tutto ciò che c'è da sapere su un particolare asset, sia esso un'azione, una coppia di forex o una materia prima, si riflette già nel prezzo. Gli analisti tecnici pianificano i loro scambi e gli investimenti in base alle tendenze dei prezzi, ai modelli grafici come la testa e le spalle, e ad altri indicatori grafici matematici come le medie mobili. Grazie a questo metodo è possibile effettuare alcuni investimenti e seguire la nuova direzione del prezzo, così da controllare i guadagni. Tra gli strumenti utili a questo tipo di metodo troviamo gli indicatori di trading, cioè formule matematiche e algoritmi automatici. Dallo studio di questi grafici si può capire se il prezzo aumenterà in un tempo breve, medio o lungo e di conseguenza si può decidere se investire e quanto e quando. Questo metodo è di tipo matematico e non lascia spazio alla soggettività ma è molto razionale, quindi basato su elementi scientifici utili a tradurre l'andamento in una proiezione. Al contrario l'analisi fondamentale si basa sull'economia. L'analisi fondamentale può essere utilizzata per valutare una serie di strumenti di trading, come azioni, indici, valute e materie prime. Alcuni trader vorranno valutare fattori economici come il PIL di un paese, i livelli di disoccupazione, la redditività dell'azienda e la salute di un settore prima di prendere una decisione di acquisto o vendita. Nel trading azionario, ad esempio, l'analisi fondamentale può essere utilizzata per valutare fattori come la performance dell'azienda, le notizie, le condizioni del settore. Questi sono tutti dati fondamentali. Lo studio avviene sulle abitudini economiche di un paese, di un gruppo di paesi oppure di un determinato settore di un paese o dello stesso settore in più paesi o gruppi di paesi. Per seguire questo tipo di analisi sono necessarie competenze di analisi dati ed economiche. Conoscendo l'economia si possono prevedere le tendenze dei prezzi e quindi si può scegliere in maniera soggettiva ma calcolata quanto, quanto e su cosa investire. Ogni notizia che arriva dal mondo può influenzare questo tipo di metodologia ed è quindi fondamentale essere costantemente aggiornati. Chi inizia questo percorso può scegliere tra entrambe le possibilità, ma probabilmente scegliere la via di mezzo è la soluzione che alla lunga può rivelarsi più redditizia. È sicuramente importante seguire le notizie mondiali che riguardano la politica e l'economia: conoscere e seguire le conferenze stampa delle varie banche quando devono annunciare le decisioni sui tassi di interesse o altre decisioni politiche, osservare l'oscillazione dei dati sul numero di disoccupati...

Se ci sono notizie inattese, o ad esempio la disoccupazione è molto alta, si possono verificare dei cambiamenti importanti, ma i trader che sanno usare i grafici, possono verificare dopo l'annuncio per vedere se il sentimento sta davvero cambiando, o se lo scoppio delle notizie è stato un evento banale. Se una tendenza sul grafico riprende in un momento successivo qualche notizia inaspettata, allora il mercato chiaramente non ritiene la notizia così rilevante. Questo è un consiglio molto utile: tenere sempre presenti i grafici permette al trader di rendersi conto davvero di ciò che succede al mercato. Chi invece si limita ad ascoltare le notizie è legato sempre e solo a un giudizio sommario che non è detto venga confermato dai dati. L'approccio misto può anche aiutare a confermare le tendenze. Se, ad esempio, la maggior parte delle persone si aspetta un aumento dei tassi d'interesse, ma non arriva, la valuta di quel particolare paese di solito si ritrasferisce. Se continua a salire, può essere un segno che ci sono altri fattori in gioco e l'elemento del tasso di interesse non è così importante. Il modo in cui il mercato reagisce alle notizie fondamentali può ancora essere utilizzato dal trader tecnico.

CAPITOLO 5
TECNICHE DI MONEY MANAGEMENT E GESTIONE DEL TEMPO EFFICACI

Il money management è un termine usato in italiano come "gestione del rischio". Si usa questa terminologia per riferirsi alla gestione del denaro che puntando alla massimizzazione del profitto, cerca nello stesso tempo di diminuire potenzialmente la perdita. La gestione del rischio si divide in gestione del rischio vera (analizza il rischio legato alla posizione assunta sul mercato) e propria e la position sizing (individua il capitale da investire in ogni operazione aperta sul mercato). Vediamo i punti fondamentali che costituiscono le basi del money management: la disponibilità di capitali adeguati allo strumento finanziario utilizzato; rischio limitato a non più del 2-3% del portafoglio per ogni singola operazione; utilizzo dello stop-loss dopo aver assunto posizione sul mercato; definizione del rischio massimo per il portafoglio (drawdown): se dovessero scattare contemporaneamente tutti gli stop-loss impostati, il trader deve conservare una quota di capitale sufficiente per continuare ad operare sul mercato; quantificazione del rischio attraverso un corretto calcolo del risk/reward: per ogni unità di rischio si deve calcolare un target di 2-3 unità di rendimento; conoscenza approfondita del mercato in cui si intende investire; l'esito di ogni operazione deve essere considerato in modo indipendente da quello dell'operazione precedente; chiusura di una parte delle posizioni aperte in caso di profitto. La gestione del tempo è personale e quindi non esiste una vera e propria regola, ma è necessario fare attenzione a mantenere la mente libera e un atteggiamento deciso e sicuro. Se ti capita di pensare "Questa giornata è volata e non ho fatto nulla di quello che avrei dovuto o voluto fare". Se ti chiedi dove siano finite quelle 24 ore che avevi a disposizione al risveglio, la prima cosa che ti consiglio è capire dove va a finire il tuo tempo. Per quanto riguarda le gestione del tempo è fondamentale per un buon trader organizzare la giornata lavorativa in modo da avere ben chiaro il tempo da dedicare al lavoro e gli obiettivi giornalieri, settimanali e mensili. Ci sono due caratteristiche fondamentali per distinguere la necessità di usare del tempo: l'urgenza e l'importanza. Imparare a distinguere tra ciò che è urgente e ciò che è importante. Secondo Giorgia Ferrari "L'urgenza è tutto ciò che richiede un'attenzione immediata: un figlio che chiama, il cliente che entra, il citofono che suona, la notifica che arriva… L'importanza è tutto ciò che è legato ai risultati, ai valori, agli obiettivi che vuoi ottenere. Non sempre le faccende urgenti sono anche importanti, anzi, il più delle volte sono importanti per altri ma non per te. Di solito si tende a reagire alle urgenze e a rimandare le faccende importanti perché le cose importanti richiedono sforzo, richiedono attenzione, cura e richiedono soprattutto azioni concrete. E di 24 ore in 24 ore semplicemente viene più facile lasciarsi distrarre dalle cose urgenti, raccontandosi che sono anche importanti". Per capire meglio come fare la differenza tra le cose urgenti da quelle importanti usiamo il modello classico, la matrice di Eisenhower. Le attività della giornata, secondo lo schema di Eisenhower, si possono dividere tra importanti e urgenti, urgenti ma non importanti, non importanti ma urgenti, non importanti e non urgenti. Usare questo schema scrivendo ogni attività della giornata in un riquadro che riporta queste voci "importanti e urgenti, urgenti ma non importanti, non importanti ma urgenti, non importanti e non urgenti" aiuta a capire cosa fare e soprattutto a cosa dare priorità. La gestione delle priorità è importantissima per un buon trader. Fondamentale è poi, come abbiamo sottolineato più volte, non farsi prendere dall'emozione o da sbalzi di umore legati alla perdita o al profitto. Lavoriamo le ore che ci siamo prefissi di dedicare al trading, mantenendo attivi i nostri programma e gestendo i nostri obiettivi a lungo termine (mai chiudersi nell'osservazione degli obiettivi a breve termine) e andiamo avanti analizzando la situazione a tirando le somme alla fine della settimana, del mese o dell'anno.

CAPITOLO 6
COME DIVENTARE UN TRADER DI SUCCESSO

Riassumiamo tutti i concetti visti fino a questo momento con alcune strategie per diventare un trader di successo. Un trader desidera impiegare bene il proprio tempo e avere successo, cioè fare profitto in maniera continuativa. Come abbiamo detto per avere risultati che durino nel tempo è necessario prepararsi bene, investire prima nel proprio tempo e poi investire sul denaro. Sicuramente la prima cosa da fare è l'analisi dei mercati finanziari: formarsi nella conoscenza dei mercati equivale a mettere solide basi. Questa fase è molto importante perché, più la preparazione del trader sarà precisa e più eviterà rischi. La prima cosa da fare dunque è porre l'attenzione all' analisi tecnica: la tecnica si basa sulla ripetizione degli aventi passati e si studiano le mosse per capire se ciò che è successo può essere compreso e analizzato in modo da riutilizzare questa strategia in futuro. Se si decide di usare la strategia che si basa sull'analisi fondamentale è necessario conoscere l'economia, l'analisi dei dati e restare sempre costantemente aggiornati sulle notizie politiche mondiali. I mercati sono volatili e possono cambiare rapidamente. Gli strumenti del trader sono i grafici e gli indicatori di prezzo, ma anche il pc e la connessione a internet sono fondamentali. La rapidità con cui il trader riesce a interagire online può fare la differenza. Nel momento in cui il trader si sente sicuro su questa parte teorica può passare alla pratica, ma è necessario fare esperienza e usare cautela. Ogni giorno in cui ci si approccia alle negoziazioni online è importante seguire un piano di trading. Non importa seguire regole in maniera robotica, ma avere a disposizione un buon piano è necessario per muoversi on line diminuendo i rischi. La scelta della strategia è fondamentale e dopo varie sperimentazioni un buon trader sceglie la propria e la approfondisce, restando fedele: meglio si conosce la propria strategia e più possibilità si hanno di successo. Darsi obiettivi settimanali e mensili è utile alla gestione del tempo: il raggiungimento degli obiettivi ci dice che è il momento di staccare. Purtroppo questo tipo di attività può avere risvolti psicologici negativi se non si pongono dei limiti alle ore lavorative o comunque di attività dedicate alle negoziazioni. L'ultimo elemento da gestire per essere un buon trader sono le emozioni: può sembrare un'affermazione banale, ma è facile farsi prendere dall'euforia oppure dallo sconforto. In realtà quello che conta è mantenere il trend nel tempo e quindi gli sbalzi dell'umore non sono contemplabili né quando le cose vanno bene (e si rischia quindi di esagerare perdendo tutto o peggio) né quando vanno male (il giorno seguente potrebbe andare meglio). Tutti possono negoziare, ma il 95% dei trader perde denaro. Ma quali sono le qualità del 5% di trader che guadagna in borsa? Vediamo alcuni consigli che potrebbero essere utili a un trader che inizia adesso questo percorso: non cercare il colpo da novanta:

gestire il rischio è fondamentale. Investire piccole somme e solo dopo ponderate e attente considerazioni può aiutare a evitare inutili fallimenti; non pensare che il trader sia un ricco imprenditore che gira in città con la macchina di lusso e i vestiti firmati, spesso il trader di professione non mira alla fortuna, ma a obiettivi realistici che generino una rendita costante cercando di correre il minimo rischio; evitare investimenti azzardati e guidati dall'emotività (vedi capitolo errori); i metodi matematici sono utili ma non si possono impiegare fino allo stremo se non si ottengono risultati, tenendo un diaro dei propri investimenti si cambia e si migliora ogni giorno, così le regole che ci diamo possono lentamente e in maniera ponderata cambiare con noi. Al contrario di quello che si pensa per essere un buon trader bisogna lavorare umilmente, seriamente, con tanta passione, tanto lavoro e regolarità. Un trader senza passione ma con la sola voglia di guadagnare è meglio se non inizia nemmeno: le perdite potrebbero essere ingenti.

CAPITOLO 7
MIGLIORI STRATEGIE E METODI DEI MIGLIORI INVESTITORI

Abbiamo visto che non esistono guadagni facili e scontati, il trading non è la lotteria. Ma abbiamo anche visto che con applicazione, studio e costanza si può fare un bel lavoro. Se si aggiunge che, una volta iniziato ed entrati nel meccanismo, arriva la passione, ecco che tutto inizia a girare per il verso giusto. Alla base deve sempre esserci la tecnica, su cui applicare la strategia personalizzata. Questo è il segreto. La formazione è fondamentale per diventare un trader di successo. Vediamo quindi le migliori strategia e quelle utilizzate dai migliori trader del mondo. Tra i modelli di ottimizzazione del "position sizing" possono essere citate la Formula di Kelly di cui parleremo dopo e la Formula di Larry Williams. La formula di Larry Williams calcola il numero dei contratti/azioni per la posizione da assumere sul mercato in funzione della percentuale di rischio: tale parametro è aleatorio poiché la tolleranza media al rischio è un parametro soggettivo, per cui cambiando questo parametro i risultati generati dal sistema saranno diversi. Ma chi sono i migliori trader del mondo e quali tecniche usano? Vediamone alcuni: Ed Seykota è un celebre trader di Commodity, nato nel 1946. Può essere considerato uno dei progenitori del trading on line visto che è stato tra i primi nel lontano 1970, a pensare di utilizzare i computer come supporto per le attività di trading. In effetti può anche essere considerato uno dei progenitori del trading automatico visto che ha continuato a perfezionare, per tutta la vita, il suo sistema di trading di futures sulle materie prime. Un'altra personalità molto famosa è Martin Schwartz. Nato nel 1945 ha accumulato una immensa fortuna in pochissimo tempo e ha raggiunto il successo molto rapidamente grazie al mercato azionario ma anche a strumenti sul filo del rasoio come le opzioni e i future. Nel primo anno di trading, infatti, ha trasformato 100.000 dollari in 600.000 dollari. L'anno successivo ha guadagnato 1,2 milioni di dollari. Secondo alcuni dati pare che riesca oggi a guadagnare 70.000 dollari al giorno! Il suo approccio è basato sul day trading. Ha raccontato la sua esperienza nel libro: "Pitt Bull: Lessons from Wall Stree's Champion Day", molto utile soprattutto per chi si vuole cimentare nel trading veloce.George Soros altrettanto è uno dei più grandi trader al mondo. George Soros ha fondato il Soros Fund Management. Nel 1970 fu tra i co fondatori del Quantum Fund, un fondo che per decenni ha avuto profitti superiori al 42% annui. Chi ha affidato i suoi soldi a Soros è diventato ricco. Soros, ovviamente, ha arricchito anche se stesso. Stanley Druckenmiller è nato nel 1953 a Pittsburgh, in Pennsylvania. Nella vita non è stato molto fortunato fino a quando è riuscito a guadagnare in tutta la sua carriera circa 3,5 miliardi di dollari senza l'aiuto di un patrimonio familiare consistente. Ha costruito tutta la sua carriera da solo. Soprattutto è conosciuto nell'ambito del mercato azionario. Ha spesso utilizzato una trading strategy che premia come pochi altri il concetto di "top down", un approccio che esula dalla mera analisi tecnica e implica lo studio dell'ambiente economico e in generale dell'asset a 360 gradi, legami con il mondo esterno compreso. Altro nome di spicco è Jack D. Schwager. Schwager è attualmente il co portfolio manager della ADM Investor Services Diversified Strategy Fund. Anche lui ha scritto molti libri interessanti per agli aspiranti trader e tra i suoi libri più famosi ricordiamo "Market Wizards". Spendiamo qualche parola anche per Alexander Elder, anche lui trader professionista e autore di molti libri e manuali. Lui è nato nell' Unione Sovietica, è cresciuto in Estonia ed è infine emigrato a New York. Attualmente è conosciuto come uno dei più ricchi trader del mondo. Si può considerare uno dei più grandi esperti al mondo di analisi tecnica e di psicologia del mercato. Lary Hite ha una grande esperienza in materie prime e ha fondato la più grande commodity trading company del mondo.

Personalità di spicco nel panorama attuale, oltre a essere un trader di successo si è impegnato sul fronte della formazione. Come molti degli altri anche lui ha scritto molti libri con lo scopo di formare dei buoni trader e si è impegnato in prima persona nella sperimentazione e nella ricerca di strumenti sempre più tecnologici e innovativi per fare trading on line. Da queste personalità possiamo capire che fare trading non può essere solo passione. Certo la passione è fondamentale ma èè necessario anche usare molto tempo, decisione, arguzia e studio.

CAPITOLO 8
STRATEGIE OPERATIVE SU FOREX E AZIONI FUTURE

Per mercato di forex si intende "foreign exchange" e si tratta della rete all'interno della quale gli acquirenti e i venditori si scambiano una valuta ad un prezzo prestabilito. Il mercato di forex è il mezzo tramite il quale le aziende, le banche o anche i singoli trader si convertono una valuta in una valuta straniera nel mondo. Può capitare che questa operazione venga effettuata per necessità, ma spesso la conversione fa parte di un processo atto a trarre profitti. Ogni giorno vengono convertite tantissime valute e questo rende i movimento di prezzo di alcune valute molto variabili. Ed è proprio questa variabilità che attrae investitori. A differenza di azioni o materie prime, le operazioni con il forex non avvengono in Borsa. Il mercato in cui si avvengono gli scambi tra le due parti è detto OTC, cioè " over the counter" e quindi funziona tramite una rete globale di banche distribuita su quattro principali centri di trading in differenti fusi orari: Londra, New York, Sydney e Tokyo. Questo mercato è sempre aperto proprio perché segue il fuso orario globale, quindi è sempre possibile operare a qualunque ora. Esistono tre differenti tipi di mercati forex basati sulle finestre temporali: lo scambio fisico di una coppia valutaria si chiama Spot se avviene nello stesso momento in cui la compravendita viene accordata o comunque entro termini brevi. Il contratto in cui la vendita o l'acquisto di una determinata cifra di denaro in una valuta viene fissato ad un determinato prezzo, entro una certa data futura di chiama Forward. Il contratto in cui la vendita o l'acquisto di una data somma di denaro in una valuta viene fissato ad un determinato prezzo in una specifica data futura prende il nome di Future. Per fare trading sul forex esistono diverse modalità, ma in ogni caso l'acquisto di una valuta determina la vendita di un'altra valuta in maniera simultanea. Di solito a occuparli del trading di forex sono i vari broker.

CAPITOLO 9
ERRORI COMUNI

Abbiamo letto insieme quanto sia importante prepararsi bene, quindi un errore clamoroso è quello di approcciarsi "per fare una prova". Magari all'inizio può persino capitare di ottenere dei profitti, non sia mai! Sarà l'inizio della fine. Senza una conoscenza adeguata dei mercati le sensazioni personali non possono durare e il rischio di farsi prendere dall'emotività è grandissimo. Usare le proprie sensazioni è importante, ma alla base ci deve sempre essere un'attenta analisi del mercato. Allo stesso modo è sbagliato non avere un piano, cioè un programma a cui attenersi. Non possiamo conoscere il futuro del mercato, ma abbiamo molte prove di ciò che è accaduto in passato. Quello che è successo prima potrebbe non ripetersi, ma ci dà un'idea di ciò che potrebbe accadere poi. Pertanto, è importante studiare i dati storici delle coppia di valute che si pensa di negoziare. Qui si possono inserire strategie, obiettivi mensili o settimanali... Un altro errore comune, come abbiamo detto, è quello legato all'emotività: se si naviga a vista senza un crono programma preciso degli obiettivi può capitare che dopo una giornata negativa si abbia la volontà di insistere, di perseverare, quasi per vendicarsi. Assolutamente da evitare il trader aggressivo: Il trading troppo aggressivo è forse uno degli errori più importanti che i trader principianti commettono. Se una piccola serie di perdite consecutive potrebbe essere sufficiente a prosciugare la maggior parte del tuo capitale di rischio, questo vuol dire che il tuo volume di trading è troppo alto o che il nostro rapporto rischio/rendimento è troppo alto, quindi ogni operazione comporta un rischio troppo elevato. In questi casi l'unica cosa da fare è studiare i mercati e prepararsi a partire bene il giorno seguente. Qui è bene dire che anche non variare le posizioni in perdita, sperando che il mercato vada meglio, può essere un grave errore. Al contrario se una giornata va bene può capitare che ci si faccia prendere dall'entusiasmo e a perdere tutto quello che di buono si è costruito, a volte, basta una svista, basta un attimo! Scrivere quotidianamente le proprie mosse aiuta il trader a capire l'andamento della propria personale strategia e a migliorare dai propri errori. Ammettere i propri errori e studiarci sopra aiuta a migliorare. Per evitare errori è quindi fondamentale creare il proprio personale piano di trading e seguirlo scrupolosamente. Un trader è una persona umana che commette errori e può avere fortuna. Ma avere un piano a lungo termine aiuta a evitare scelte dettate dall'istinto che possono essere rischiosa sia in entrata che in uscita. Il trader deve mettersi nell'ottica di impegnarsi, se fare soldi è l'unico obiettivo di un trader, soprattutto nelle prime fasi della sua carriera nel trading online, questa sarà alla fine anche la probabile ragione del suo fallimento, in quanto lo porterà a commettere uno dei più importanti errori di trading. Un errore comune si può riassumere nel termine overtrading, un nome inglese che si riferisce all'operare in modo sproporzionato, sia perché si aprono o si chiudono molte posizioni, ma anche a causa di un eccesso di volume di operazioni, effettuate in modo compulsivo e irrazionale. Fondamentalmente è sbagliato scambiare il trading con una scommessa.

CAPITOLO 10
TRADING AUTOMATICO: PRO E CONTRO

Abbiamo già parlato dei quant trader o quantitative trader o trader sistematico o trader automatico. In questo caso tutte le strategie si basano su analisi quantitative derivate da automatismi: computazioni matematiche realizzate con algoritmi (il trading algoritmico è solo una possibile forma di trading automatico ma non l'unica). Il vantaggio principale dell'utilizzo di questa strategia sta nel fatto che il trading automatico o algoritmico effettua le operazioni in maniera molto più rapida rispetto al trader discrezionale che utilizza il modello manuale. Tutto potrebbe cambiare nel recente futuro in questo ambito perché il trading automatico si sta talmente perfezionando che potrebbe occupare tutto lo spazio di azione in un futuro abbastanza breve. Gli algoritmi però non hanno discrezionalità. Come abbiamo detto il buon trader fa dei programmi e si da delle regole, ma poi non è necessario applicarle in maniera robotica, anzi, la sensibilità umana è importante per ottenere ottimi risultati. Il giudizio dell'uomo per adesso ha un valore in più rispetto ai sistemi automatici. Come in tutte le cose, anche con il trading automatico, il sogno di soldi facili non è così scontato. Il trading automatico funziona, genera continuamente rendite per coloro che lo usano in maniera opportuna ma non è un modo per fare soldi facili e ci vuole, in ogni caso, sforzo e impegno per ottenere risultati positivi. Si può definire trading automatico qualunque sistema che esegue le operazioni per conto del trader senza che questi debba inserire manualmente gli ordini di acquisto o di vendita. In pratica, un sistema di trading algoritmico è un sistema che compra o vende sui mercati e genera dei profitti per il trader. Esistono due grandi categorie di sistemi di trading automatico. I robot di trading sono sistemi di trading algoritmico. Si tratta di programmi informatici che eseguono operazioni sui mercati finanziari seguendo un preciso algoritmo che può essere codificato in un linguaggio di programmazione specifico. I robot automatici funzionano se alla base sono stati programmati da un esperto di trading, ma i robot che funzionano davvero bene sono in realtà molto difficili da creare. Bisogna fare molta attenzione alla scelta del robot. Purtroppo la maggior parte dei robot di trading che vengono venduti su internet, spesso con intense campagne pubblicitarie, non sono sviluppati da persone esperte di trading o di trading on line ma da persone esperte di marketing e pubblicità. Il punto è che creare un robot che faccia bene il proprio lavoro è molto complesso; chi ci riesce lo usa per sé, non ha alcun motivo di venderlo su internet per pochi spiccioli: quindi diffidare dalle promozioni a basso costo! L'alternativa al robot è i Copytrading (come dice la parola stessa in inglese, si tratta di metodi che consentono di ottenere profitti di trading copiando altri trader), una tecnica che si è sviluppata in pochi anni, di recente, e che potrebbe produrre buoni risultati anche per quanto riguarda i trader principianti. Per funzionare hanno bisogno di una piattaforma di trading in grado di funzionare alla perfezione, sicura, affidabile e veloce nel replicare le operazioni. Quando si selezionano i trader da copiare (operazione che fa l'uomo, ma che non è affatto scontata), è poi la piattaforma automatica a copiare e rimettere in circolo le operazioni di questi trader nel conto. Dal 2017 il Bitcoin è diventato famoso. Inizialmente è stato come una specie di moda e molte persone fecero una vera fortuna. Successivamente però furono costrette a subire la doccia freccia del crollo continuo della cripto valuta durante il 2018. Chi precedentemente aveva fatto le previsioni giuste su questa moneta virtuale ha guadagnato anche con il crollo. Ecco perché i principianti sono spesso alla ricerca di sistemi per fare trading automatico di Bitcoin o per guadagnare in automatico con le cripto valute. Ma non è scontato non cadere nelle mani di qualche imbroglione oggi.

CAPITOLO 11
IDENTIFICAZIONE DI UN TREND RIALZISTA O RIBASSISTA

Prima di tutto analizziamo cos'è un trend perché sarà il centro di tutte le strategie dal trading. Riconoscere il trend sui grafici è fondamentale. Gli indicatori del trend aiutano i principianti, ma non solo, a seguirne l'andamento. In italiano per trend si intende la tendenza che può quindi essere rialzista o ribassista. Capire il trend è necessario, ma non è un operazione banale: servono studio, attenzione e molta pratica. Si può parlare di trend rialzista quando il trader scopre una serie di massimi e minimi crescenti. Si dice invece che il trend sia ribassista quando il trader incontra una serie di massimi e minimi decrescenti. Per la precisione esiste anche un trend laterale e si definisce tale quando non si può scegliere tra una delle due possibilità elencate qui sopra. Trend rialzista:

massimi e minimi crescenti. Trend ribassista: massimi e minimi decrescenti. Trend laterale: massimi e minimi che non hanno una direzione chiara. Ma non è sempre così semplice. Il trand è costituito da altre mille sfumature, come fosse una matrioska, le bambole russe al loro interno avranno delle altre piccole bambole. In ogni trend ci saranno sempre trend più brevi che a loro volta avranno una direzione identica, oppure contraria. La durata di un trend e la strada che percorrerà sarà proporzionata alla direzione del trend maggiore. Il trend si divide in alcune caratteristiche principali che si basano sulla sua durata: esiste in trend primario: è il trend principale, la sua durata va da un anno a tre anni. Poi c'è il trand secondario che di solito ha una durata di un paio di mesi. Infine esiste in trend minore che consiste in fluttuazioni brevi interne al trend secondario. Di solito dura dalle due alle tre settimane. In particolare la compravendita di strumenti finanziari allo scoperto è una forma di speculazione finanziaria che esiste grazie all'esistenza di un periodo di tempo di alcuni giorni che intercorre dal momento dell'operazione a quello della liquidazione con lo scambio dei titoli e del controvalore in moneta. Teoricamente, dato che la moneta è un bene come altri, chiunque speculi al rialzo sul prezzo di un bene sta, nello stesso istante, speculando al ribasso sul valore della moneta rispetto a quel bene. La differenza pratica tra uno speculatore al rialzo ed uno al ribasso è che speculando al rialzo sul prezzo di un bene, lo speculatore rischia una quantità limitata di capitale (quello speso per acquistare il bene da rivendere più tardi), mentre uno speculatore al ribasso rischia una quantità indeterminata di capitale (quello che dovrà spendere per acquistare il bene in futuro per assolvere al contratto). Al contrario colui che fa speculazioni al rialzo può guadagnare un'importante quantità di soldi el futuro rivendendo il bene su cui sta speculando, mentre lo speculatore al ribasso può, al massimo, guadagnare il prezzo a cui si è impegnato di vendere il bene in futuro (nel caso il prezzo del bene sia zero in futuro).

CAPITOLO 12
IL CRITERIO DI KELLY PER CALCOLARE IL PROFILO DI RISCHIO

La formula di Kelly è stata utilizzata dai giocatori d'azzardo per migliorare le scommesse gestendole nel lungo periodo. Successivamente la tecnica del modello è stato estesa alle attività di investimento per calcolare la quota di capitale da impiegare in ogni singola operazione (F), dato l'asset a disposizione. F=W-(1-W)/R Troviamo in W è la probabilità che ogni singola operazione si traduca in un risultato positivo. Si ottiene dividendo il numero delle operazioni che hanno generato un guadagno per il totale delle operazioni effettuate (sia positive che negative); R è il rapporto tra trade vincenti e trade perdenti, ovvero il valore medio delle operazioni chiuse in profitto (media dei guadagni) diviso per il valore medio delle operazioni chiuse in perdita (media delle perdite). L'equazione produce come risultato un numero inferiore a 1 che rappresenta la dimensione della posizione che dovrebbe essere assunta sul mercato, ovvero la percentuale del portafoglio da allocare in ogni singola operazione. La formula di Kelly trascura tuttavia importanti parametri di valutazione come il drawdown del sistema, il numero delle operazioni in perdita e la volatilità del mercato.

CAPITOLO 13

BACK-TESTING

Abbiamo detto che è molto importante tenere appunti dell'andamento delle proprie negoziazioni per capire come funziona la propria strategia personale e migliorare a partire dai propri errori. Esiste uno strumento che ci può aiutare a farlo in maniera professionale. Questo strumento è utilizzato dai trader che hanno intenzione di valutare l'efficacia di una strategia e quindi particolarmente adatto per chi è alle prime armi. Il back testing, come dice il nome stesso, è un test che si rivolge alle attività ormai passate. Significa simulare l'attività di trading non sul mercato del momento, ma partendo da un'osservazione dei dati del passato. Il trader sceglie il momento che gli interessa analizzare e usa lo strumento del back testing per fare una simulazione. Studiare un andamento del passato da al trader buone possibilità di pensare che tali oscillazioni e movimenti possano ripetersi in condizioni simili del mercato al presente. Non è scobtato saper analizzare i dati che derivano da questa operazione, ma con un po' di pazienza può rivelarsi davvero molto utile.

CAPITOLO 14

RISCHI E COME EVITARLI. QUALI SONO GLI ORGANI COMPETENTI A CUI RIVOLGERSI IN CASO DI NECESSITÀ.

Perdere è in effetti una parte inevitabile del trading, nessuno lo vorrebbe ma tutti i trader devono essere preparati a questa possibilità. Una buona strategia di gestione del rischio permette al trader di salvaguardare i suoi profitti e ridurre le perdite. In alcuni corsi di formazione, fortemente raccomandati per chi si approccia per la prima volta a questa attività, le perdite vengono giustamente considerate come "costi dell'attività". Bisogna sempre guardare al piano degli obiettivi e calcolare a lungo termine entrate e uscite. Certamente per avere successo le entrate devono essere costantemente superiori, ma non si può calcolare in una giornata, sono medie che vengono fuori rispetto agli obiettivi mensili o annui. Per questo dicevamo che l'emotività legate alle singole operazioni non è da considerarsi, anzi può solo essere dannosa. Nell'analisi dei rischi è importante iniziare a capire cos'è una speculazione: si dice speculazione nel commercio l'acquisto di un bene di qualsiasi tipo fatto per investimento, cioè acquistato nella speranza che quello stesso bene aumenti di valore nel tempo. Le speculazione in particolare è conosciuta nell'edilizia. Nella finanza il concetto è più sottile: si tratta di investire azioni o comunque di effettuare operazioni (anche rischiose) nel tentativo di avere un guadagno dalle oscillazioni del mercato. In etimologia la parola "speculazione" deriva da "specula" ossia vedetta, mentre il verbo "specere" ha significato di scrutare. Da questo si può traslare il significato di "osservare con attenzione", ma anche, legandolo allo stare di vedetta "guardare lontano", "guardare al futuro". Per fare un buon trading, consapevole e pianificato per fare profitti nel tempo si deve essere chiaramente consapevoli dei così detti "gestori del rischio" ovvero si devono conoscere le caratteristiche degli strumenti finanziari che utilizziamo per non rischiare di avere operazioni non adeguato al profilo del trader. Secondo John Maynard Keynes la speculazione è l'arte di capire cosa gli altri operatori di mercato avessero pensato riguardo al futuro: a questo proposito è molto utile per capire il concetto un esempio tratto da una metafora molto famosa, la metafora dedicata al concorso di bellezza. Mettiamo che ci sia chiesto di indovinare quale ragazza vincerà il concorso di bellezza, per farlo il nostro singolo parere non conterà molto, sarà invece fondamentale provare a capire cosa vorrebbe la maggior parte dei giurati: non servirà assolutamente a nulla puntare sulla ragazza secondo noi più bella, mentre sarà importante portare l'attenzione a ciò che in maggioranza pensano nella giuria: così si potrà mettere in piedi una scommessa vincente. Lo stesso principio vale anche per quanto riguarda il mercato azionario: è necessario capire come agirà la maggioranza degli operatori. "Se vogliamo applicare il termine speculazione all'attività di prevedere la psicologia del mercato, e il termine intraprendenza all'attività di prevedere il rendimento prospettivo dei beni capitali per tutta la durata della loro vita, è certo che non sempre si verifica che la speculazione predomini sull'intraprendenza. Tuttavia, quanto più perfezionata è l'organizzazione dei mercati di investimento, tanto maggiore sarà il rischio che la speculazione prenda il sopravvento sull'intraprendenza. In uno dei maggiori mercati di investimento del mondo, New York, l'influenza della speculazione (nel senso suddetto) è enorme. [...] Gli speculatori possono essere innocui se sono delle bolle sopra un flusso regolare di intraprese economiche; ma la situazione è seria se le imprese diventano una bolla sospesa sopra un vortice di speculazioni. Quando l'accumulazione di capitale di un paese diventa il sottoprodotto delle attività di un Casinò, è probabile che le cose vadano male. Se alla Borsa si guarda come a un'istituzione la cui funzione sociale appropriata è orientare i nuovi investimenti verso i canali più profittevoli in termini di rendimenti futuri, il successo conquistato da Wall

Street non può proprio essere vantato tra gli straordinari trionfi di un capitalismo del laissez faire. Il che non dovrebbe meravigliare, se ho ragione quando sostengo che i migliori cervelli di Wall Street sono in verità orientati a tutt'altri obiettivi." John Maynard Keynes: Teoria generale dell'occupazione, dell'interesse e della moneta, 1936). nonostante la determinazione del prezzo di acquisto di beni o servizi sia considerata una diritto insindacabile dell'imprenditore in Italia, l'ordinamento italiano prevede il reato denominato "manovre speculative su merci" (di cui all' articolo 501 bis del codice penale). Si definisce il reato quando l'aumento ingiustificato dei prezzi avviene in presenza dell'elemento oggettivo dei beni di prima necessità e dell'elemento soggettivo dell'attività commerciale del decisore. Il reato si manifesta quando l'aumento dei prezzi sia suscettibile di generare un comportamento emulatorio generalizzato e diffuso nell'ambito di un mercato pubblicamente accessibile, di dimensione nazionale o locale. Il medesimo effetto inflattivo si realizza in presenza di un cartello economico o di un'intesa restrittiva della concorrenza fra gli operatori economici. In Italia esistono moltissime società che svolgono questo tipo di attività, offrendo vere e proprie piattaforme. Trattandosi pur sempre di speculazione, prima di affidarsi ad una di queste il trader deve ricordare che si ha a che fare con un servizio ad alto livello di rischio. Le società che forniscono tale servizio sono regolamentate CONSOB, conviene affidarsi a loro per non incorrere in problemi di pagamento o truffe. Come abbiamo detto l'assenza di limiti del numero di operazioni giornaliero da parte del singolo investitore può trasformarsi in un'attività che può sviluppare inconsapevolmente dipendenza. Succede che il trader privato aumenti sia il tempo dedicato che il numero delle negoziazioni con la suggestione e l'illusione di dedicarsi ad un'attività lavorativa che, al contrario, è spesso fonte di perdite anche elevate. Per questo l'ESMA ha limitato nel 2018 la leva finanziaria applicabile ai conti di trading online. Con l'acronimo ESMA si intende l'Autorità europea degli strumenti finanziari e dei mercati (ESMA-European Securities and Markets Authority, in inglese). Si tratta di un organismo dell'Unione Europea che, dal 1° gennaio 2011, ha il compito di sorvegliare il mercato finanziario europeo. A essa partecipano tutte le autorità di vigilanza bancaria dell'Unione europea. L'Autorità sostituisce il Committee of European Securities Regulators (CESR) e ha sede a Parigi. L'ESMA si occupa della legislazione sui titoli e della regolamentazione, per migliorare il funzionamento dei mercati finanziari in Europa, rafforzando la protezione degli investitori e la cooperazione tra le autorità nazionali competenti. Gli obiettivi della'Autorità sono: salvaguardare la stabilità del sistema finanziario dell'Unione europea, garantendo l'integrità, la trasparenza, l'efficienza e il regolare funzionamento dei mercati mobiliari, nonché di migliorare la tutela degli investitori.

CAPITOLO 15
CONCLUSIONI

Concludiamo con un buon consiglio per chi si avvicina al mondo del trading per la prima volta: si possono scegliere i metodi di trading più adatti alle proprie necessità, ma specialmente all'inizio è consigliabile affidarsi a un broker online per sperimentare più stili e capire quale meglio si confà al proprio stile. Un buon broker, specialmente all'inizio, ha la possibilità di tutelare il trader principiante dalle truffe. L' introduzione al mondo del trading seguita da un broker può aiutare a familiarizzare con gli strumenti. Per non rischiare i propri soldi è bene trovare un broker che faccia formazione e che vi metta a disposizione il proprio conto demo: in questa maniera il trader può fare errori, capire e ricominciare senza preoccupazioni. Usa un Conto Demo per acquisire familiarità con la piattaforma e gli strumenti Esistono i “demo account” forniti dai broker che possono essere un valido supporto al fine di acquisire familiarità con gli strumenti per effettuare ordini, consultare funzioni di analisi tecnica e delineare precise strategie di azione. Sarà possibile per il trader gestire le negoziazioni basandosi su importi virtuali, che a seconda dei servizi offerti dalla piattaforma potranno essere anche illimitati e gratuiti. Per il trader alle prime armi è fondamentale partire da questo “gioco” in modo da prendere confidenza con gli strumenti senza incorrere in ingenti perdite e senza farsi prendere dall'emozione che, come abbiamo visto, in questo caso, può essere nociva.

CPSIA information can be obtained
at www.ICGtesting.com
Printed in the USA
LVHW052034121220
674004LV00016B/702

9 781801 231879